Tonneville

# HISTOIRE MERVEILLEUSE

DE

## MADEMOISELE DE TONNEVILLE

PAR

M. DIGARD (DE LOUSTA), *Directeur de la Société
académique de Cherbourg.*

———

A gauche de la route actuelle de Cherbourg à
Beaumont, sur la paroisse de Tonneville, s'élevait, au
commencement du XIIIe siècle, un château dont il ne
reste plus de vestiges.

Cette demeure était habitée par une noble et fière
jeune fille de vingt ans, Frédégonde de Beauval, gé-
néralement connue sous le nom de mademoiselle de
Tonneville.

Sa mère mourut en lui donnant la vie; et son père,
le sire de Beauval, avait été tué en défendant Philippe
Auguste, lorsqu'il tomba désarçonné à la bataille de
Bouvines.

Laissée orpheline aux mains d'une vieille gouvernante qui s'adonnait aux sciences occultes, et d'un
vieux nain, farci de locutions latines, qu'il avait appri-
ses à l'école du prieur de Saint-Germain-des-Vaux,
mademoiselle de Beauval eut une enfance triste et
solitaire.

Cependant, malgré les conditions défectueuses dans
lesquelles elle était élevée, elle parvint à la fleur de

l'âge, accompagnée de toutes les perfections de la grâce et de la beauté.

Visage charmant, taille élégante, port majestueux, sourire enchanteur : tout se réunissait en elle pour séduire et pour captiver.

On dit qu'elle fut demandée en mariage par plusieurs gentilshommes, et que celui d'entr'eux auquel elle avait accordé la préférence s'était noyé, au retour de la chasse, dans l'étang de Tonneville, actuellement l'étang de Percy.

A compter de ce moment, le caractère de la jeune fille changea de pied en cap. Elle pleura longtemps la mort fatale et prématurée de son fiancé, puis se raidissant sous ce coup du sort, elle se releva, avec l'orgueil de sa race, méchante, vindicative, prête à entrer en lutte avec ce qui constitue l'espérance et le bonheur de l'homme : Dieu et la Religion.

Elle trouva des aliments à sa révolte dans quelques livres de magie que lui procura sa gouvernante.

On cite, entre autres, un manuscrit, orné d'enluminures et d'initiales, à l'encre rouge, dans lequel mademoiselle de Tonneville faisait de fréquentes lectures. Il était intitulé : *Curieuse révélation de ce qui se passe en enfer, par un chanoyne qui a vendu sa soutane au diable.*

Le peu d'instruction de mademoiselle de Tonneville, la tournure bizarre de ses idées, dont rien ne venait contrarier le cours, un manque absolu de rectitude dans sa manière de voir et d'apprécier les choses, l'isolement, la solitude : tout concourait à faire de cette jeune personne une créature étrange.

Elle voulut avoir deux lévriers et deux chevaux : un cheval blanc pour les courses de jour, une jument noire pour les promenades de nuit.

Lorsqu'elle eut dressé ces animaux, elle se mit à parcourir la campagne en tous sens.

Tantôt elle allait aux environs de son manoir; tantôt elle poussait une pointe à Flamanville, à Diélette, aux falaises de Jobourg.

Les paysans remarquaient qu'en passant devant une église, elle ne faisait jamais le signe de la croix, et que s'il arrivait à ses chiens de rencontrer un enterrement, ils hurlaient d'une voix lamentable.

A Cherbourg, du haut des tours de l'ancien château, la sentinelle la voyait quelquefois passer, au trot de son cheval blanc, sur la croupe de la montagne du Roule, et s'enfoncer derrière les épais rideaux de la forêt de Brix.

Lorsque la lune brillait au zénith, elle aimait à galoper, sur sa jument noire, à travers les bruyères de Herqueville.

Surprise, une nuit, par l'orage, elle alla se placer à l'abri sous le portail de l'église de Jobourg; et, le sourire aux lèvres, secoua dans le bénitier sa robe humide de pluie.

Cette bravade sacrilège provoqua sur le champ la colère du ciel. Le tonnerre tomba sur sa jument noire et laboura ses flancs. Elle se prit à hennir d'une voix si forte et si douloureuse qu'elle réveilla les paisibles habitants d'Aurigny, qui, couchés dans leurs lits, se dressèrent sur leur séant, pour savoir si ce n'était pas la trompette du jugement dernier.

A quelque temps de là, mademoiselle de Tonneville, chevauchant, en plein midi, aux alentours de Querqueville, rencontra, dans un sentier, le frère Anselme, moine augustin de l'abbaye de Notre-Dame-du-Vœu de Cherbourg.

Frère Anselme cheminait tranquillement, récitant ses patenôtres.

Que fais-tu là, lui dit-elle, vieux corbeau de monastère, avec ton front chauve et ton capuchon renversé ?

Le moine leva les yeux sur elle et répondit :

Je prie pour les pécheresses endurcies, pour les magiciennes et les sorcières qui ne veulent pas se convertir.

Ah ! reprit-elle, il te plaît de donner des leçons à Frédégonde de Beauval, châtelaine de Tonneville. Eh bien ! va porter à ton Dieu les libéralités qu'elle t'accorde. Dis-lui qu'elle le déteste de tout son cœur, et qu'elle a la plus profonde horreur pour les moines et les gens d'église !

Au même instant, elle leva une houssine plombée qu'elle tenait entre ses doigts, et en asséna sept coups sur le crâne du vieillard.

Le sang jaillit à flots, et le moine tomba évanoui.

Quelques pas plus loin, elle aperçut Christophe Legrix, tabellion du baillage de Bricquebec, avec lequel elle avait eu maille à partir pour affaires d'intérêt. Par ses maléfices, elle parvint à le métamorphoser en renard, et lui assigna pour résidence la commune de Nacqueville.

Là tradition rapporte que le pauvre garde-notes ne put jamais reprendre forme humaine, et que pour prolonger sa triste existence, il fut réduit à exercer son industrie autour des garennes et des poulaillers.

Ces deux méfaits furent bientôt connus, et devinrent le sujet de toutes les conversations.

A l'époqne dont il s'agit, l'abbaye était dirigée par Robert II, 13e abbé de cet établissement.

S'il faut en croire Odon Rigaud, qui parle de lui

dans son livre des *Visites pastorales*, l'abbé Robert avait l'habitude du monde et de la bonne chère.

Il se plaisait dans la dégustation des vins délicats. Il se piquait en outre d'être un grand chasseur, d'avoir ses chenils remplis de beaux chiens et ses écuries meublées de chevaux de prix.

Dans la soirée du jour où frère Anselme avait été si cruellement maltraité, l'abbé Robert se trouvait à table, en compagnie de très-vieille, très-grosse et très-replète personne, Marie-Anastasie de la Luthumière, veuve en 5ᵉ noce, de Messire Pergeaux de Basmarais, ci-devant bailli de l'abbaye de Cherbourg. Elle venait, suivant sa coutume, faire sa visite annuelle à l'abbé, et elle profitait de cette circonstance pour s'acquitter envers la communauté d'une redevance de dix livres tournois.

Pendant que Robert versait dans le gobelet d'argent de dame Anastasie quelques gouttes de Lacryma-Christi, le frère portier entra pâle et le visage bouleversé.

Il demeura debout, les yeux baissés, le front penché vers la terre, dans l'attitude d'un homme accablé sous le poids d'une grande douleur. Qu'avez-vous, mon frère, fit Robert d'un ton jovial, vous êtes plus triste que le prophète Daniel au festin de Balthazar ?

Père, répondit le portier, un grand malheur nous est arrivé. Le vénérable Anselme, à qui vous avez accordé la clef des champs, vient d'être rapporté dans sa cellule, la tête meurtrie de blessures, et presqu'inanimé. Les manants et les fieffataires qui l'accompagnaient ont déclaré qu'il a été mis en cet état par les sévices de la magicienne de Tonneville.

A cette nouvelle, dame Anastasie porta sa main

sur la table, et but le cordial qui brillait au fond de sa coupe.

Robert remplit la sienne jusqu'aux bords, la vida d'un trait, et s'écria :

Anathème à cette fille de Jezabel. Je veux qu'on la saisisse, qu'on l'enferme, les fers aux pieds, dans les cachots de mon monastère, et qu'on la condamne à la mutilation du poignet. Œil pour œil, et dent pour dent.

Etes-vous bien sûr, soupira dame Anastasie, d'appréhender cette sorcière au corps ? On dit qu'elle fuit comme une ombre et qu'elle est agile comme le vent. Messire de Basmarais, mon dernier mari, m'a raconté qu'un jour, en plaisantant avec elle, il voulut l'embrasser, et qu'au lieu de son front, il ne rencontra qu'un nuage de brouillard.

Bagatelles, dame Anastasie, bagatelles ! nous savons que votre regrettable défunt excellait à casser des noisettes au Bas-Bois, mais qu'il avait une frayeur mirifique des goublins et des loups-garroux. Quant à nous, grâce à notre valeur personnelle, nous ne craignons ni sorciers, ni sorcières, ni devins, ni devineresses, ni magiciens, ni magiciennes, et nous espérons bientôt vous en donner la preuve, à l'aide de Dieu.

Ce disant, Robert ordonna de réunir une troupe de cinquante hommes et une meute de cinquante chiens. Il monta lui-même à cheval, à la tête de cette colonne, et se mit en route pour aller investir le château de Tonneville.

Lorsqu'il arriva, il fit ranger ses hommes et ses chiens autour de l'habitation, de telle sorte que personne ne pût en sortir. Il était minuit. C'était dans le mois de décembre. Au milieu du silence et de l'obscurité, on voyait dans la tourelle, qui servait à la châtelaine de chambre à coucher, la faible lueur d'une lampe.

Tout-à-coup, hommes et chiens virent une forme blanche, une espèce de milloraine, qui passait et repassait devant eux. Pendant qu'ils étaient absorbés dans la contemplation de cette vision, ils aperçurent aussitôt au-dessus d'eux, sur le toît du manoir, des tourbillons de flamme et de fumée, dont les spirales brûlantes s'allongèrent sur toute la circonférence du bâtiment. Des langues de feu roulaient comme les vagues de la mer sur toutes les parties de l'édifice embrasé. On entendait le craquement des poutres et des solives qui tombaient, des murailles qui croulaient en ruines, des pierres calcinées qui crépitaient sous les ravages du feu. Le manoir ne fut bientôt plus qu'un monceau de cendres.

A cet aspect, l'abbé Robert essaya d'exorciser le manoir pour faire cesser ce qu'il pensait être la suite d'un enchantement magique, mais, soit qu'il fût troublé, soit que les formules de l'exorcisme manquassent à sa mémoire, il ne put réussir.

Il se vit forcé de rejoindre son couvent, suivi de ses hommes et de ses chiens, tout pénauds et tout ébahis.

Une semaine après cet événement, l'abbé Robert vit arriver au monastère un pygmée, aux jambes grêles, au dos et à la poitrine bombés, portant sur de petites épaules une tête en forme de citrouille, et des bras qui se terminaient au coude par deux petites mains si minces et si transparentes que le jour se voyait à travers.

C'est sous cet aspect que la légende se représente le nain de mademoiselle de Tonneville.

Je viens, dit-il à l'abbé, de la part de ma belle et

grâcieuse maîtresse, vous inviter à venir demain, sur l'heure de midi, dîner dans son château. Elle a l'espoir que vous ne la refuserez pas, et elle compte à cet effet sur votre gentillesse et votre courtoisie.

Mais le manoir de ta maîtresse est brûlé, fit Robert.

*Castellum est reædificatum*, répondit le nain.

Les chemins sont difficiles et raboteux, continua Robert.

Le nain répliqua : *Angelis suis mandavit de te, ne forte offendas ad lapidem pedem tuum.*

Sais-tu dans quel but cette magicienne m'invite à dîner ?

Dans le but de vous convertir à ses desseins, ou de se convertir aux vôtres.

Alors c'est un tournoi qu'elle propose entre elle et moi; ou plutôt entre le diable et Dieu. Eh bien ! dis-lui que j'accepte, et que demain je me trouverai au rendez-vous.

Le nain salua et s'en retourna en fredonnant :

> Si le gros abbé Robert
> Veut épouser ma maîtresse,
> Nous ferons dire une messe
> A Monseigneur Saint-Hubert.
> Et nous irons au sabbat,
> En chantant Magnificat.

Le lendemain, à l'aube du jour, Robert II sortit de son lit et s'habilla, d'un costume de chasseur. Il aimait passionnément le gibier, et il ne négligeait jamais l'occasion d'en apporter quelque pièce à l'abbaye.

Il n'oublia pas non plus son *Grimoire*, qui pouvait lui devenir d'une grande utilité dans cette circonstance.

On appelait alors *Grimoire* un recueil de figures, de caractères cabalistiques, de formules conjuratrices.

dont la vertu était de nature, d'après les idées du temps, soit à évoquer les esprits, soit à faire venir les démons.

Toutefois, ceux qui employaient ce livre pour s'établir en relation avec les puissances invisibles, devaient savoir s'en servir. Une foule de sacristains maladroits, pour avoir voulu l'utiliser à leur profit, avaient été emportés dans le vestibule de l'enfer, où le diable les forçait à rester jusqu'à la résurrection générale.

Le grimoire de l'abbé Robert n'était pas du commun. Il se distinguait par un cachet calligraphique des plus remarquables. Écrit sur vélin, orné d'un frontispice, de miniatures, de lettres historiées, relié en ivoire poli, avec un fermoir en argent ciselé, il était cité à Cherbourg et dans les environs comme un véritable chef-d'œuvre.

Muni de ce bijou magique, Robert s'achemina vers Tonneville.

A son arrivée dans la cour du manoir, Frédégonde alla à sa rencontre avec force révérences, et l'introduisit dans un petit appartement de forme circulaire, percé d'une fenêtre oblongue, dans laquelle les rayons du soleil pouvaient à peine se frayer un passage.

Lorsqu'on fut à table, mademoiselle de Tonneville saupoudra la conversation de bons mots et de saillies piquantes.

L'abbé semblait l'écouter avec plaisir, et bien que le vin fît ses délices, il buvait à petits coups, et avec la plus grande circonspection.

Qu'avez-vous donc, l'abbé, lui dit-elle ? Vous qui portez la crosse et la mitre, vous qui passez pour un franc buveur et un joyeux convive, vous effleurez à peine les bords de votre coupe !

Mon nain me répète tous les jours: *Le bon vin réjouit*

*le cœur de l'homme*. Est-ce que vous n'êtes pas de cet avis ?

Je commence à croire que vous voulez me faire choir dans le puits de l'ébriété, dit Robert, *in puteum ebrietatis*. Vous avez contusionné le crâne de frère Anselme avec une branche de houx. N'auriez-vous pas l'intention d'étourdir le mien sous l'influence de vos élixirs ?

Erreur, l'abbé, erreur, j'ai sur vous des vues plus honorables et plus élevées. Je veux vous associer à ma destinée, unir ma main à la vôtre, m'appuyer sur votre bras pour demander à saint Pierre les clefs du paradis. Or, comme j'ai déjà celles de l'enfer, je deviendrai la reine des démons et des anges.

Cette déclaration à brûle-pourpoint fit partir l'abbé Robert d'un éclat de rire inextinguible.

Tête folle, objurgua-t-il, cervelle creuse, pleine de vents et de tempêtes, est-ce que vous croyez réunir le feu et l'eau, les ténèbres et la lumière, le bien et le mal, Dieu et le démon.

C'est mon rêve, répartit-elle. Est-ce qu'ici-bas la vie n'est pas semée de biens et de maux ? Est-ce qu'on n'y voit pas alterner le jour et la nuit ? Est-ce que le bien-être et la souffrance ne s'y succèdent pas tour-à-tour ? Tenez, poursuivit-elle, voici un livre intitulé : *Curieuse révélation de ce qui se passe en enfer, par un chanoyne qui a vendu sa soutane au diable*. Eh bien ! je parie ma jument noire et mon cheval blanc contre votre mitre et votre crosse, qu'il renferme des conjurations supérieures à celles qui se trouvent dans tous les grimoires du clergé.

Cet audacieux défi fit tressaillir le grimoire que l'abbé Robert portait dans sa poche. Il sauta sur la table et alla se placer brusquement à côté du livre de mademoiselle de Tonneville.

Celui-ci surpris et irrité de cette soudaine apparition, fit quelques mouvements saccadés et se dressa debout.

L'ouvrage de l'abbé exécuta la même manœuvre.

Par une espèce d'instinct, ou plutôt par leur vertu magique, ils reculèrent d'un pas, et se penchèrent d'un air menaçant.

Bientôt ils s'élancèrent l'un sur l'autre, et un combat terrible commença entre eux.

Les fermoirs s'ouvrirent spontanément, les couvertures frissonnantes se dilatèrent comme des ailes d'oiseaux; les feuilles et les feuillets des deux adversaires s'enchevêtrèrent d'une façon si confuse qu'ils semblaient confondus.

On voyait voltiger de toutes parts des enluminures déchirées, des morceaux de parchemin éraillés, des parcelles d'ivoire émiettées.

On eut dit deux coqs joûtant à outrance et s'arrachant jusqu'à la dernière plume.

Finalement, le manuscrit du *chanoyne qui avait vendu sa soutane au diable*, rendu de fatigue, épuisé, éreinté, dépouillé de ses attributs, resta sur le carreau.

Le grimoire de l'abbé Robert, au contraire, fier de sa victoire, ramassa les débris qu'il avait perdus dans la lutte, les replâtra avec un art infini, fit une nouvelle toilette, et redevint encore plus coquet qu'auparavant.

Le nain caché derrière une tapisserie, et qui avait assisté invisible à cet étrange combat, voyant le triste sort du vaincu, s'écria dans son dépit :

*Diabolus abbates*
*Et clericos rapial omnes !*

Quant à mademoiselle de Tonneville, elle fut stupéfaite de l'issue de ce duel.

Lorsqu'elle vit la défaite de son livre, en d'autres termes, la supériorité de la puissance de Dieu sur celle du démon, elle devint pâle comme un suaire, ses traits se contractèrent, son beau visage refléta pendant quelques moments une laideur infernale.

Eh bien ! vous convertirez-vous maintenant, fit l'abbé Robert ?

Non, répliqua-t-elle, non ! puisque tu n'as pas voulu faire alliance avec moi retourne à ton abbaye. Souviens-toi, que malgré son échec, Frédégonde de Tonneville persiste dans ses convictions, qu'elle a fait pacte avec un maître qui a l'étole en horreur et qui se régimbe à la vue du goupillon.

Les anecdotes concernant mademoiselle de Tonneville ne s'arrêtent pas aux épisodes que nous venons de raconter. La tradition la met aussi en rapport avec le bienheureux Thomas.

Ce thaumaturge dont la mémoire est encore si populaire dans notre contrée, décéda le 19 octobre 1257. Il était par conséquent contemporain de mademoiselle de Tonneville.

Un soir, à l'heure du crépuscule, au retour d'un de ces voyages qu'il entreprenait pour évangéliser les âmes, il aperçut une cavale noire, furieuse, échevelée, courant à fond de train, et traînant une femme suspendue à sa crinière.

Le saint homme eut bientôt reconnu la nécromancienne. Il fit le signe de la croix et l'animal cabré retomba sur ses pieds docile et obéissant.

Faiseur de miracles, clama-t-elle, qui t'a demandé ta protection ? Est-ce parce que la robe de ma jument ressemble à la tienne, qu'il te plaît de l'arrêter, lorsqu'elle m'emporte au sabbat ?

Cette impertinence envers le bienheureux, ne demeura pas impunie. Au retour du sabbat, elle fut prise d'une indisposition, légère d'abord, mais qui ne tarda pas à s'aggraver.

Elle éprouvait des éblouissements. Des formes fantastiques, des fantômes de l'enfer passaient et repassaient devant ses yeux.

A ces visions lugubres succédèrent des douleurs d'un autre genre. Ses pieds, ses jambes, ses bras se gonflèrent.

Elle qui naguère encore marchait si svelte, si souple, si élégante, était devenue d'une corpulence extraordinaire.

Elle resta quelques années dans cet état, clouée sur son lit par l'hydropisie.

Malgré l'insulte qu'il en avait reçue, le bienheureux Thomas allait la voir, de temps en temps, pensant que la maladie finirait par amollir cette âme de bronze.

Une après-midi, voyant qu'elle approchait de sa fin, le saint redoubla d'efforts pour la convertir. Brave homme, lui dit-elle : Tes paroles font sourire les anges d'en haut; mais elles font grincer les anges d'en bas; prie Dieu de garder son paradis, et de me laisser tranquille dans mon château.

Lorsqu'elle eut prononcé ce blasphème, elle tomba dans un long évanouissement, son teint prit une pâleur livide, ses yeux se dilatèrent horriblement, elle étendit les bras comme pour repousser des spectres effrayants, puis les paupières se fermèrent et l'agonie commença.

A l'instant même, survint un orage terrible. Le vent, la pluie, les éclairs se mêlaient aux roulements de tonnerre. Des diables, sous mille formes bizarres, apparurent dans les nuées. Les bêtes tremblaient dans les étables et dans les champs. On entendit dans l'air des cris aigus; des battements d'ailes annoncèrent la présence d'une multitude de corbeaux et de chauves-souris, qui s'abatirent sur le manoir de Tonneville. La châtelaine venait de mourir.

Pendant sa vie, elle avait frappé l'imagination d'une sorte de terreur superstitieuse; les événements qui suivirent sa mort produisirent une impression plus profonde encore.

Lorsqu'elle eut passé de vie à trépas, on l'ensevelit, selon l'ordre qu'elle avait donné, dans ses plus beaux habits, et on la mit dans un épais et large cercueil de chêne.

Au moment de la porter en terre, six hommes vigoureux enlevèrent la bière et firent avec elle trois fois le tour de l'appartement; mais lorsqu'ils arrivèrent au seuil, ils ne purent le franchir.

On fit venir six autres hommes qui réunirent leurs efforts aux six premiers.

Peines inutiles !

Alors on s'avisa de passer autour du cercueil une chaîne de fer sur laquelle on cramponna un attelage de six chevaux de trait.

L'attelage se brisa.

Une main puissante et mystérieuse s'était appesantie sur ce cercueil maudit... On fut obligé de creuser une fosse et d'enterrer la magicienne sous le seuil de sa porte. Ainsi qu'elle l'avait désiré, *Dieu gardait son paradis et la laissait tranquille dans son château.*

La pierre tumulaire sous laquelle repose la dépouille de mademoiselle de Tonneville se voit encore. Elle se trouve à l'entrée du pressoir de M. Fleury, actuelle-

ment propriétaire de la maison bâtie sur l'emplace-
ment de l'antique manoir.

Quelques semaines après ces événements, la vieille
gouvernante tomba du haut d'une tourelle et se cassa
les reins. Le nain, en passant dans un champ, eut
l'imprudence d'agiter un chiffon rouge aux yeux
d'un taureau. Il fut poursuivi, foulé aux pieds, éventré
par l'animal furieux.

La légende a brodé sur la mémoire de mademoiselle de Tonneville une série d'arabesques aux mer-
veilleux contours, comme le moyen-âge savait en
créer.

Après sa mort, la demoiselle n'abandonna pas la
contrée. On la voyait au clair de lune, ou sous la
voûte des nuits sombres. Elle avait choisi l'étang de
Percy pour le théâtre de ses apparitions. Elle s'y
montrait entourée d'une multitude de feux follets,
dans tout l'éclat de sa première jeunesse. Plusieurs
chevaliers, éblouis par ses charmes et par les brillan-
tes fantasmagories dont elle savait se revêtir, se
noyèrent, en courant sur ses traces, dans les ondes de
l'étang perfide.

A la fin du siècle dernier, plus d'un honnête fermier
ressentait des frissons involontaires, en racontant
dans les longues soirées d'hiver, les faits et gestes de
mademoiselle de Tonneville.

Il y a cinquante ans, un meunier se permit d'aller,
au moment de la messe de minuit, du côté de l'étang.
Il suivait son âne chargé d'un sac de farine. Mademoiselle de Tonneville le fit tomber à la renverse, et se
tailla une robe blanche dans la mouture.

> Meunier, ta farine est très-belle,
> Je vais la prendre, lui dit-elle,
> Car la flamme des noirs séjours
> A défraîchi tous mes atours.

On la voyait, à toute heure de nuit, rôder sur les bords de l'étang, tenant, d'une main, un lièvre par les oreilles, de l'autre, une perdrix, afin d'allécher les braconniers et de les faire trébucher dans l'eau.

C'est là qu'on entendait les grenouilles chanter la résurrection la veille de Pâques.

C'est là que les sorciers allaient faire caqueter des poules pour découvrir des trésors.

C'est là que ceux qui étaient en rapport avec le monde invisible se métamorphosaient en chiens, en chats, en bécasses, en autruches, en poulains.

Une espèce de chanson, calquée sur le canevas des ballades écossaises, révèle les superstitions qui s'attachaient jadis à l'étang dont il s'agit :

### BALLADE A L'ÉTANG DE PERCY

*Sur l'air du Hague-Dick.*

Vous que charment les promenades,
Si vous craignez les algarades,
De nuit, ne passez pas ici,
Evitez l'étang de Percy.

On y voit une demoiselle
Qui ne fait pas trop là cruelle;
Mais qui vous jette sans merci
Au fond de l'étang de Percy.

On y récolte plus d'embûches
Que tout le Bas-Bois n'a de bûches;
Malheur à qui va sans souci
Auprès de l'étang de Percy.

Le chasseur qui le pied s'y mouille
Est sûr de revenir brédouille,
Jamais pêcheur n'a réussi
Autour de l'étang de Percy.

Il est peuplé d'esprits, de gnomes,
De farfadets et de fantômes,
Dont chacun de ruse est farci,
Au diable l'étang de Percy !

Cherbourg, le 10 juillet 1873.

Cherbourg. — Imprimerie A. Mouchel.